This book belongs to:

Notes

....
....
....
....
....
....
....
....
....
....
....
....
....
....
....
....
....
....
....
....
....
....

Web site:..

Email / phone no:...

Username:...

Password:...

Notes:..

....

....

....

Web site:..

Email / phone no:...

Username:...

Password:...

Notes:..

....

....

....

Web site:..

Email / phone no:...

Username:...

Password:...

Notes:..

....

....

....

Web site:..

Email / phone no:..

Username:..

Password:..

Notes:...

....

....

....

Web site:..

Email / phone no:..

Username:..

Password:..

Notes:...

....

....

....

Web site:..

Email / phone no:..

Username:..

Password:..

Notes:...

....

....

....

A B C D E F G H I J K L M N O P Q R S T U V W X Y Z

Web site:...

Email / phone no:...

Username:...

Password:...

Notes:..

....

....

....

Web site:...

Email / phone no:...

Username:...

Password:...

Notes:..

....

....

....

Web site:...

Email / phone no:...

Username:...

Password:...

Notes:..

....

....

....

Web site:...

Email / phone no:...

Username:..

Password:..

Notes:..

....

....

....

Web site:...

Email / phone no:...

Username:..

Password:..

Notes:..

....

....

....

Web site:...

Email / phone no:...

Username:..

Password:..

Notes:..

....

....

....

A
B
Web site:...

C
Email / phone no:...
D
Username:...
E
Password:..
F
Notes:...
G
....
H
....
I
....

J
Web site:...
K
Email / phone no:...
L
Username:...
M
Password:..
N
Notes:...
O
....
P
....
Q
....
R

S
Web site:...
T
Email / phone no:...
U
Username:...
V
Password:..
W
Notes:...
X
....
Y
....
Z
....

Web site:...

Email / phone no:..

Username:..

Password:..

Notes:...

....

....

....

Web site:...

Email / phone no:..

Username:..

Password:..

Notes:...

....

....

....

Web site:...

Email / phone no:..

Username:..

Password:..

Notes:...

....

....

....

A
B
C
D
E
F
G
H
I
J
K
L
M
N
O
P
Q
R
S
T
U
V
W
X
Y
Z

Web site:...

Email / phone no:...

Username:...

Password:...

Notes:..

....

....

....

Web site:...

Email / phone no:...

Username:...

Password:...

Notes:..

....

....

....

Web site:...

Email / phone no:...

Username:...

Password:...

Notes:..

....

....

....

Web site:..

Email / phone no:...

Username:...

Password:...

Notes:..

....

....

....

Web site:..

Email / phone no:...

Username:...

Password:...

Notes:..

....

....

....

Web site:..

Email / phone no:...

Username:...

Password:...

Notes:..

....

....

....

A
B

Web site:..

C Email / phone no:...

Username:..

D

E Password:..

F Notes:...

G ....

H ....

I ....

J

Web site:..

K

L Email / phone no:...

M Username:..

N Password:..

O Notes:...

P ....

Q ....

R ....

S **Web site:**..

T Email / phone no:...

U Username:..

V Password:..

W Notes:...

X ....

Y ....

Z ....

Web site:...

Email / phone no:...

Username:...

Password:...

Notes:...

....

....

....

Web site:...

Email / phone no:...

Username:...

Password:...

Notes:...

....

....

....

Web site:...

Email / phone no:...

Username:...

Password:...

Notes:...

....

....

....

C

A
B
C
D
E
F
G
H
I

Web site: ....

Email / phone no: ....

Username: ....

Password: ....

Notes: ....

....

....

....

J
K
L
M
N
O
P
Q
R

Web site: ....

Email / phone no: ....

Username: ....

Password: ....

Notes: ....

....

....

....

S
T
U
V
W
X
Y
Z

Web site: ....

Email / phone no: ....

Username: ....

Password: ....

Notes: ....

....

....

....

Web site:..

Email / phone no:..

Username:...

Password:...

Notes:..

....

....

....

Web site:..

Email / phone no:..

Username:...

Password:...

Notes:..

....

....

....

Web site:..

Email / phone no:..

Username:...

Password:...

Notes:..

....

....

....

A
B
C
D
E
F
G
H
I
J
K
L
M
N
O
P
Q
R
S
T
U
V
W
X
Y
Z

A
B

Web site:..

C

Email / phone no:..

Username:...

D

Password:...

E

Notes:...

F

....

G

....

H

....

I

J

Web site:..

K

L

Email / phone no:..

Username:...

M

Password:...

N

Notes:...

O

....

P

....

Q

....

R

S

Web site:..

T

Email / phone no:..

U

Username:...

V

Password:...

W

Notes:...

X

....

Y

....

Z

....

Web site:..

Email / phone no:..

Username:..

Password:..

Notes:..

....

....

....

Web site:..

Email / phone no:..

Username:..

Password:..

Notes:..

....

....

....

Web site:..

Email / phone no:..

Username:..

Password:..

Notes:..

....

....

....

A
B
C
D
E
F
G
H
I
J
K
L
M
N
O
P
Q
R
S
T
U
V
W
X
Y
Z

A
B

Web site:...

C

Email / phone no:...

D

Username:..

E

Password:..

F

Notes:..

G

....

H

....

I

....

J

Web site:...

K
L

Email / phone no:...

M

Username:..

N

Password:..

O

Notes:..

P

....

Q

....

R

....

S

Web site:...

T

Email / phone no:...

U

Username:..

V

Password:..

W

Notes:..

X

....

Y

....

Z

....

Web site:..

Email / phone no:...

Username:..

Password:...

Notes:..

....

....

....

Web site:..

Email / phone no:...

Username:..

Password:...

Notes:..

....

....

....

Web site:..

Email / phone no:...

Username:..

Password:...

Notes:..

....

....

....

A
B
C
D
E
F
G
H
I
J
K
L
M
N
O
P
Q
R
S
T
U
V
W
X
Y
Z

A
B
Web site:...
C
Email / phone no:...
Username:..
D
Password:..
E
Notes:..
F
....
G
....
H
....
I
J
Web site:...
K
Email / phone no:...
L
Username:..
M
Password:..
N
Notes:..
O
....
P
....
Q
....
R
S
Web site:...
T
Email / phone no:...
U
Username:..
V
Password:..
W
Notes:..
X
....
Y
....
Z
....

Web site:..

Email / phone no:...

Username:...

Password:...

Notes:..

....

....

....

Web site:..

Email / phone no:...

Username:...

Password:...

Notes:..

....

....

....

Web site:..

Email / phone no:...

Username:...

Password:...

Notes:..

....

....

....

A B C D E F G H I J K L M N O P Q R S T U V W X Y Z

A
B

Web site:..

C

Email / phone no:...

D

Username:...

E

Password:...

F

Notes:..

G

....

H

....

I

....

J

Web site:..

K

Email / phone no:...

L

Username:...

M

Password:...

N

Notes:..

O

....

P

....

Q

....

R

Web site:..

S

Email / phone no:...

T

Username:...

U

Password:...

V

Notes:..

W

....

X

....

Y

....

Z

Web site:..

Email / phone no:..

Username:..

Password:..

Notes:...

....

....

....

Web site:..

Email / phone no:..

Username:..

Password:..

Notes:...

....

....

....

Web site:..

Email / phone no:..

Username:..

Password:..

Notes:...

....

....

....

A
B
C
D
E
F
G
H
I
J
K
L
M
N
O
P
Q
R
S
T
U
V
W
X
Y
Z

A
B
C
D
E
F
G
H
I
J
K
L
M
N
O
P
Q
R
S
T
U
V
W
X
Y
Z

Web site:...

Email / phone no:...

Username:...

Password:...

Notes:...

....

....

....

Web site:...

Email / phone no:...

Username:...

Password:...

Notes:...

....

....

....

Web site:...

Email / phone no:...

Username:...

Password:...

Notes:...

....

....

....

Web site:...

Email / phone no:..

Username:..

Password:..

Notes:...

....

....

....

Web site:...

Email / phone no:..

Username:..

Password:..

Notes:...

....

....

....

Web site:...

Email / phone no:..

Username:..

Password:..

Notes:...

....

....

....

F

A
B
Web site:...

Email / phone no:...
C
Username:...
D
Password:...
E
Notes:...
F
....
G
....
H
....
I

J
Web site:...
K
Email / phone no:...
L
Username:...
M
Password:...
N
Notes:...
O
....
P
....
Q
....
R

S
Web site:...
T
Email / phone no:...
U
Username:...
V
Password:...
W
Notes:...
X
....
Y
....
Z
....

Web site: ....

Email / phone no: ....

Username: ....

Password: ....

Notes: ....

....

....

....

F

Web site: ....

Email / phone no: ....

Username: ....

Password: ....

Notes: ....

....

....

....

Web site: ....

Email / phone no: ....

Username: ....

Password: ....

Notes: ....

....

....

....

A
B
C
D
E
F

G

H
I
J
K
L
M
N
O
P
Q
R
S
T
U
V
W
X
Y
Z

Web site:...

Email / phone no:..

Username:..

Password:..

Notes:...

....

....

....

Web site:...

Email / phone no:..

Username:..

Password:..

Notes:...

....

....

....

Web site:...

Email / phone no:..

Username:..

Password:..

Notes:...

....

....

....

Web site:

Email / phone no: ....

Username: ....

Password: ....

Notes: ....

....

....

....

Web site:

Email / phone no: ....

Username: ....

Password: ....

Notes: ....

....

....

....

Web site:

Email / phone no: ....

Username: ....

Password: ....

Notes: ....

....

....

....

A B C D E F G H I J K L M N O P Q R S T U V W X Y Z

A
B

Web site:...

C
Email / phone no:..

Username:..
D
E
Password:..

Notes:...
F

G ....

H ....

   ....
I

J
Web site:...

K
Email / phone no:..
L
Username:..
M
Password:..
N
Notes:...
O
   ....
P
   ....
Q
   ....
R

S
Web site:...

T
Email / phone no:..

U Username:..

V Password:..

W Notes:...

X ....

Y ....

Z ....

Web site:..

Email / phone no:..

Username:..

Password:..

Notes:..

....

....

....

Web site:..

Email / phone no:..

Username:..

Password:..

Notes:..

....

....

....

Web site:..

Email / phone no:..

Username:..

Password:..

Notes:..

....

....

....

G

Sidebar index: A B C D E F G H I J K L M N O P Q R S T U V W X Y Z

Web site:..

Email / phone no:...

Username:...

Password:..

Notes:..

....

....

....

Web site:..

Email / phone no:...

Username:...

Password:..

Notes:..

....

....

....

Web site:..

Email / phone no:...

Username:...

Password:..

Notes:..

....

....

....

Web site:..

Email / phone no:...

Username:...

Password:..

Notes:...

....

....

....

H

Web site:..

Email / phone no:...

Username:...

Password:..

Notes:...

....

....

....

Web site:..

Email / phone no:...

Username:...

Password:..

Notes:...

....

....

....

A
B
Web site:...
C
Email / phone no:..
Username:...
D
E
Password:...
Notes:...
F
G
....
H
....
I
Web site:...
J
K
Email / phone no:..
L
Username:...
M
Password:...
N
Notes:...
O
....
P
....
Q
....
R
Web site:...
S
T
Email / phone no:..
U
Username:...
V
Password:...
W
Notes:...
X
....
Y
....
Z
....

Web site:...

Email / phone no:...
Username:...
Password:...
Notes:..

....
....
....

H

Web site:...

Email / phone no:...
Username:...
Password:...
Notes:..

....
....
....

Web site:...

Email / phone no:...
Username:...
Password:...
Notes:..

....
....
....

Web site:...

Email / phone no:...

Username:..

Password:..

Notes:..

....

....

....

Web site:...

Email / phone no:...

Username:..

Password:..

Notes:..

....

....

....

Web site:...

Email / phone no:...

Username:..

Password:..

Notes:..

....

....

....

Web site:..

Email / phone no:...

Username:...

Password:...

Notes:..

....

....

....

Web site:..

Email / phone no:...

Username:...

Password:...

Notes:..

....

....

....

Web site:..

Email / phone no:...

Username:...

Password:...

Notes:..

....

....

....

A
B

Web site:..

C
Email / phone no:...

Username:..

D
E
Password:...

Notes:..

F
....

G
....

H
....

I

J
Web site:..

K
L
Email / phone no:...

M
Username:..

N
Password:...

Notes:..

O
....

P
....

Q
....

R

S
Web site:..

T
Email / phone no:...

U
Username:..

V
Password:...

W
Notes:..

X
....

Y
....

Z
....

Web site:..

Email / phone no:...

Username:...

Password:...

Notes:..

....

....

....

Web site:..

Email / phone no:...

Username:...

Password:...

Notes:..

....

....

....

Web site:..

Email / phone no:...

Username:...

Password:...

Notes:..

....

....

....

A
B
Web site:...

C
Email / phone no:..

Username:..

D
Password:...

E
Notes:..

F
....

G
....

H
....

I

J
Web site:...

K
L
Email / phone no:..

Username:..

M
Password:...

N
Notes:..

O
....

P
....

Q
....

R
S
Web site:...

T
Email / phone no:..

U
Username:..

V
Password:...

W
Notes:..

X
....

Y
....

Z
....

Web site:..

Email / phone no:......................................

Username:..

Password:..

Notes:..

....

....

....

Web site:..

Email / phone no:......................................

Username:..

Password:..

Notes:..

....

....

....

Web site:..

Email / phone no:......................................

Username:..

Password:..

Notes:..

....

....

....

A B C D E F G H I J K L M N O P Q R S T U V W X Y Z

A
B
C
D
E
F
G
H
I

Web site:...

Email / phone no:...

Username:..

Password:..

Notes:...

....

....

....

J

Web site:...

K
L
M
N

Email / phone no:...

Username:..

Password:..

Notes:...

O
P
Q
R

....

....

....

S

Web site:...

T

Email / phone no:...

U

Username:..

V

Password:..

W

Notes:...

X

....

Y

....

Z

....

Web site:..

Email / phone no:..

Username:...

Password:...

Notes:...

....

....

....

Web site:..

Email / phone no:..

Username:...

Password:...

Notes:...

....

....

....

Web site:..

Email / phone no:..

Username:...

Password:...

Notes:...

....

....

....

A B C D E F G H I J K L M N O P Q R S T U V W X Y Z

A
B
Web site:...

C
Email / phone no:...

Username:..
D
Password:..
E
Notes:...
F
....
G
....
H
....
I

J
Web site:...

K

Email / phone no:...
L
Username:..
M
Password:..
N
Notes:...
O
....
P
....
Q
....
R

S
Web site:...

T
Email / phone no:...
U
Username:..
V
Password:..
W
Notes:...
X
....
Y
....
Z
....

Web site:..

Email / phone no:...

Username:...

Password:...

Notes:..

....

....

....

Web site:..

Email / phone no:...

Username:...

Password:...

Notes:..

....

....

....

Web site:..

Email / phone no:...

Username:...

Password:...

Notes:..

....

....

....

A
B
C
D
E
F
G
H
I
J
K
L
M
N
O
P
Q
R
S
T
U
V
W
X
Y
Z

Web site:...

Email / phone no:...

Username:...

Password:...

Notes:..

....

....

....

Web site:...

Email / phone no:...

Username:...

Password:...

Notes:..

....

....

....

Web site:...

Email / phone no:...

Username:...

Password:...

Notes:..

....

....

....

Web site: ....

Email / phone no: ....

Username: ....

Password: ....

Notes: ....

....

....

....

Web site: ....

K

Email / phone no: ....

Username: ....

Password: ....

Notes: ....

....

....

....

Web site: ....

Email / phone no: ....

Username: ....

Password: ....

Notes: ....

....

....

....

A
B

Web site:..

C
Email / phone no:...

Username:..
D

E
Password:..

Notes:..
F
....
G
....
H
....
I
....

J
Web site:..
K

Email / phone no:...
L
Username:..
M

N
Password:..

Notes:..
O
....
P
....
Q
....
R

S
Web site:..

T
Email / phone no:...

U
Username:..

V
Password:..

W
Notes:..

X
....

Y
....

Z
....

Web site:..

Email / phone no:...
Username:...
Password:...
Notes:..
....
....
....

Web site:..

Email / phone no:...

L

Username:...
Password:...
Notes:..
....
....
....

Web site:..

Email / phone no:...
Username:...
Password:...
Notes:..
....
....
....

Web site:

Email / phone no:

Username:

Password:

Notes:

Web site:

Email / phone no:

Username:

Password:

Notes:

Web site:

Email / phone no:

Username:

Password:

Notes:

Web site:..

Email / phone no:...

Username:..

Password:...

Notes:..

....

....

....

Web site:..

Email / phone no:...

Username:..

Password:...

Notes:..

....

....

....

Web site:..

Email / phone no:...

Username:..

Password:...

Notes:..

....

....

....

L

Web site:

Email / phone no:

Username:

Password:

Notes:

Web site:

Email / phone no:

Username:

Password:

Notes:

Web site:

Email / phone no:

Username:

Password:

Notes:

Web site:...

Email / phone no:...

Username:...

Password:...

Notes:...

....

....

....

Web site:...

Email / phone no:...

Username:...

Password:...

Notes:...

....

....

....

Web site:...

Email / phone no:...

Username:...

Password:...

Notes:...

....

....

....

A
B
C
D
E
F
G
H
I
J
K
L
M
N
O
P
Q
R
S
T
U
V
W
X
Y
Z

A
B
Web site: ....
C
Email / phone no: ....
D
Username: ....
E
Password: ....
F
Notes: ....
G
....
H
....
I
....

J
Web site: ....
K
Email / phone no: ....
L
Username: ....

M
Password: ....
N
Notes: ....
O
....
P
....
Q
....
R

S
Web site: ....
T
Email / phone no: ....
U
Username: ....
V
Password: ....
W
Notes: ....
X
....
Y
....
Z
....

Web site:...

Email / phone no:...

Username:..

Password:..

Notes:...

....

....

....

Web site:...

Email / phone no:...

Username:..

Password:..

Notes:...

....

....

....

Web site:...

Email / phone no:...

Username:..

Password:..

Notes:...

....

....

....

M

A
B
Web site:...

C
Email / phone no:...
Username:...
D
E
Password:...

Notes:..
F
....
G
....
H
....
I

J
Web site:...

K
Email / phone no:...
L
Username:...
M
Password:...
N
Notes:..
O
....
P
....
Q
....
R

S
Web site:...

T
Email / phone no:...
U
Username:...
V
Password:...
W
Notes:..
X
....
Y
....
Z
....

Web site:

Email / phone no:...

Username:..

Password:..

Notes:...

....

....

....

Web site:

Email / phone no:...

Username:..

Password:..

Notes:...

....

....

....

N

Web site:

Email / phone no:...

Username:..

Password:..

Notes:...

....

....

....

A
B
Web site:...

C
Email / phone no:..

D
Username:..

E
Password:..

F
Notes:..

G
....

H
....

I
....

J
Web site:...

K
L
Email / phone no:..

M
Username:..

N
Password:..

O
Notes:..

P
....

Q
....

R
....

S
Web site:...

T
Email / phone no:..

U
Username:..

V
Password:..

W
Notes:..

X
....

Y
....

Z
....

Web site:..

Email / phone no:...

Username:...

Password:...

Notes:...

....

....

....

Web site:..

Email / phone no:...

Username:...

Password:...

Notes:...

....

....

....

Web site:..

Email / phone no:...

Username:...

Password:...

Notes:...

....

....

....

N

A
B
Web site:..

C
Email / phone no:...
D
Username:...
E
Password:..
F
Notes:...

G
....
H
....

I
....

J
Web site:..

K
Email / phone no:...
L
Username:...
M
Password:..
N
Notes:...

O
....

P
....

Q
....

R
S
Web site:..

T
Email / phone no:...
U
Username:...
V
Password:..
W
Notes:...

X
....

Y
....

Z
....

Web site:

Email / phone no:

Username:

Password:

Notes:

Web site:

Email / phone no:

Username:

Password:

Notes:

O

Web site:

Email / phone no:

Username:

Password:

Notes:

A
B
Web site:...
C
Email / phone no:..
Username:...
D
Password:...
E
Notes:...
F
....
G
....
H
....
I

J
Web site:...
K
Email / phone no:..
L
Username:...
M
Password:...
N
Notes:...
O
....
P
....
Q
....
R

S
Web site:...
T
Email / phone no:..
U
Username:...
V
Password:...
W
Notes:...
X
....
Y
....
Z
....

Web site: ....

Email / phone no: ....

Username: ....

Password: ....

Notes: ....

....

....

....

Web site: ....

Email / phone no: ....

Username: ....

Password: ....

Notes: ....

....

....

....

Web site: ....

Email / phone no: ....

Username: ....

Password: ....

Notes: ....

....

....

....

A
B

Web site:..

C
Email / phone no:...
Username:...
D
Password:...
E
Notes:...
F
....
G
....
H
....
I

J

Web site:..

K
Email / phone no:...
L
Username:...
M
Password:...
N
Notes:...
O
....
P
....
Q
....
R

S

Web site:..

T
Email / phone no:...
U
Username:...
V
Password:...
W
Notes:...
X
....
Y
....
Z
....

Web site:..

Email / phone no:..

Username:..

Password:..

Notes:...

....

....

....

Web site:..

Email / phone no:..

Username:..

Password:..

Notes:...

....

....

....

Web site:..

Email / phone no:..

Username:..

Password:..

Notes:...

....

....

....

A B C D E F G H I J K L M N O P Q R S T U V W X Y Z

A
B
Web site:..

Email / phone no:..

Username:..

Password:..

Notes:..

....

....

....

Web site:..

Email / phone no:..

Username:..

Password:..

Notes:..

....

....

....

Web site:..

Email / phone no:..

Username:..

Password:..

Notes:..

....

....

....

Web site:...

Email / phone no:...

Username:..

Password:...

Notes:...

....

....

....

Web site:...

Email / phone no:...

Username:..

Password:...

Notes:...

....

....

....

Web site:...

Email / phone no:...

Username:..

Password:...

Notes:...

....

....

....

A
B
C
D
E
F
G
H
I
J
K
L
M
N
O
P
Q
R
S
T
U
V
W
X
Y
Z

A
B
Web site:..

Email / phone no:...

Username:...

Password:...

Notes:...

....

....

....

Web site:..

Email / phone no:...

Username:...

Password:...

Notes:...

....

....

Q

....

Web site:..

Email / phone no:...

Username:...

Password:...

Notes:...

....

....

....

C
D
E
F
G
H
I
J
K
L
M
N
O
P
R
S
T
U
V
W
X
Y
Z

Web site:..

Email / phone no:..

Username:..

Password:..

Notes:..

....

....

....

Web site:..

Email / phone no:..

Username:..

Password:..

Notes:..

....

....

....

Q

Web site:..

Email / phone no:..

Username:..

Password:..

Notes:..

....

....

....

Web site:...

Email / phone no:...

Username:...

Password:...

Notes:..

....

....

....

Web site:...

Email / phone no:...

Username:...

Password:...

Notes:..

....

....

....

Web site:...

Email / phone no:...

Username:...

Password:...

Notes:..

....

....

....

A
B
C
D
E
F
G
H
I
J
K
L
M
N
O
P
Q
R
S
T
U
V
W
X
Y
Z

Web site: ....

Email / phone no: ....

Username: ....

Password: ....

Notes: ....

....

....

....

Web site: ....

Email / phone no: ....

Username: ....

Password: ....

Notes: ....

....

....

....

Q

Web site: ....

Email / phone no: ....

Username: ....

Password: ....

Notes: ....

....

....

....

A
B
Web site: ....

C
Email / phone no: ....

Username: ....

D
Password: ....

E
Notes: ....

F
....

G
....

H
....

I

J
Web site: ....

K
Email / phone no: ....

L
Username: ....

M
Password: ....

N
Notes: ....

O
....

P
....

Q
....

R

S
Web site: ....

T
Email / phone no: ....

U
Username: ....

V
Password: ....

W
Notes: ....

X
....

Y
....

Z
....

Web site:..

Email / phone no:...

Username:...

Password:...

Notes:..

....

....

....

Web site:..

Email / phone no:...

Username:...

Password:...

Notes:..

....

....

....

R

Web site:..

Email / phone no:...

Username:...

Password:...

Notes:..

....

....

....

A
B
Web site:..

C
Email / phone no:...

Username:..

D
E
Password:..

Notes:...

F
....

G
....

H
....

I
J
Web site:..

K
Email / phone no:...

L
Username:..

M
Password:..

N
Notes:...

O
....

P
....

Q
....

R
S
Web site:..

T
Email / phone no:...

U
Username:..

V
Password:..

W
Notes:...

X
....

Y
....

Z
....

Web site:

Email / phone no:

Username:

Password:

Notes:

Web site:

Email / phone no:

Username:

Password:

Notes:

R

Web site:

Email / phone no:

Username:

Password:

Notes:

A
B

Web site:..

Email / phone no:..

Username:..

Password:...

Notes:...

C
D
E
F
G
H
I

....

....

....

Web site:..

J
K
L
M
N
O
P
Q
R

Email / phone no:..

Username:..

Password:...

Notes:...

....

....

....

S **Web site:**..

T
U
V
W
X
Y
Z

Email / phone no:..

Username:..

Password:...

Notes:...

....

....

....

Web site:...

Email / phone no: ....

Username: ....

Password: ....

Notes: ....

....

....

....

Web site:...

Email / phone no: ....

Username: ....

Password: ....

Notes: ....

....

....

....

Web site:...

Email / phone no: ....

Username: ....

Password: ....

Notes: ....

....

....

....

A
B
C
D
E
F
G
H
I
J
K
L
M
N
O
P
Q
R
S
T
U
V
W
X
Y
Z

A
B
Web site:..

C
Email / phone no:...
Username:...

D
E
Password:...

F
Notes:..

G
....

H
....

I
....

J
Web site:..

K
L
Email / phone no:...

M
Username:...

N
Password:...

O
Notes:..

P
....

Q
....

R
....

S
Web site:..

T
Email / phone no:...

U
Username:...

V
Password:...

W
Notes:..

X
....

Y
....

Z
....

Web site:..

Email / phone no:...

Username:..

Password:..

Notes:..

....

....

....

Web site:..

Email / phone no:...

Username:..

Password:..

Notes:..

....

....

....

Web site:.. **S**

Email / phone no:...

Username:..

Password:..

Notes:..

....

....

....

A
B
Web site:...

C
Email / phone no:...
Username:...
D
Password:...
E
Notes:..
F
....
G
....
H
....
I
J
Web site:...

K
Email / phone no:...
L
Username:...
M
Password:...
N
Notes:..
O
....
P
....
Q
....
R
S
Web site:...

T
Email / phone no:...
U
Username:...
V
Password:...
W
Notes:..
X
....
Y
....
Z
....

Web site:..

Email / phone no:...

Username:...

Password:...

Notes:..

....

....

....

Web site:..

Email / phone no:...

Username:...

Password:...

Notes:..

....

....

....

Web site:..

Email / phone no:...

Username:...

Password:...

Notes:..

....

....

....

T

A
B
C
D
E
F
G
H
I
J
K
L
M
N
O
P
Q
R
S
T
U
V
W
X
Y
Z

Web site:...

Email / phone no:...

Username:...

Password:...

Notes:..

....

....

....

Web site:...

Email / phone no:...

Username:...

Password:...

Notes:..

....

....

....

Web site:...

Email / phone no:...

Username:...

Password:...

Notes:..

....

....

....

Web site:...

Email / phone no:...

Username:...

Password:...

Notes:...

....

....

....

Web site:...

Email / phone no:...

Username:...

Password:...

Notes:...

....

....

....

Web site:...

Email / phone no:...

Username:...

Password:...

Notes:...

....

....

....

A
B
Web site:..
C
Email / phone no:...
Username:...
D
E
Password:...
Notes:...
F
G
....
H
....
I
....
J
Web site:..
K
L
Email / phone no:...
M
Username:...
Password:...
N
Notes:...
O
P
....
Q
....
R
....
S
Web site:..
T
Email / phone no:...
U *Username:*...
V
Password:...
W *Notes:*...
X
....
Y
....
Z
....

Web site: ....

Email / phone no: ....

Username: ....

Password: ....

Notes: ....

....

....

....

Web site: ....

Email / phone no: ....

Username: ....

Password: ....

Notes: ....

....

....

....

Web site: ....

Email / phone no: ....

Username: ....

Password: ....

Notes: ....

....

....

....

u

A
B

Web site:...

C
Email / phone no:...
Username:..
D
Password:..
E
Notes:..
F
....
G
....
H
....
I

J

Web site:...

K
Email / phone no:...
L
Username:..
M
Password:..
N
Notes:..
O
....
P
....
Q
....
R

S

Web site:...

T
Email / phone no:...
U Username:..
V
Password:..
W Notes:..
X
....
Y
....
Z
....

Web site:

Email / phone no:

Username:

Password:

Notes:

Web site:

Email / phone no:

Username:

Password:

Notes:

Web site:

Email / phone no:

Username:

Password:

Notes:

U

A
B
C
D
E
F
G
H
I
J
K
L
M
N
O
P
Q
R
S
T
U
V
W
X
Y
Z

Web site:...

Email / phone no:...

Username:..

Password:..

Notes:...

....

....

....

Web site:...

Email / phone no:...

Username:..

Password:..

Notes:...

....

....

....

Web site:...

Email / phone no:...

Username:..

Password:..

Notes:...

....

....

....

Web site:...

Email / phone no: ....

Username: ....

Password: ....

Notes: ....

....

....

....

Web site:...

Email / phone no: ....

Username: ....

Password: ....

Notes: ....

....

....

....

Web site:...

Email / phone no: ....

Username: ....

Password: ....

Notes: ....

....

....

....

A B C D E F G H I J K L M N O P Q R S T U V W X Y Z

A
B
Web site:...

C
Email / phone no:...

Username:...

D
E
Password:...

Notes:...

F
....

G
....

H
....

I

J
Web site:...

K
Email / phone no:...

L
Username:...

M
Password:...

N
Notes:...

O
....

P
....

Q
....

R

S
Web site:...

T
Email / phone no:...

U
Username:...

V
Password:...

W
Notes:...

X
....

Y
....

Z
....

Web site:..

Email / phone no:..

Username:..

Password:..

Notes:...

....

....

....

Web site:..

Email / phone no:..

Username:..

Password:..

Notes:...

....

....

....

Web site:..

Email / phone no:..

Username:..

Password:..

Notes:...

....

....

....

V

A
B
Web site:...

Email/phone no:..
C
Username:...
D
Password:...
E
Notes:..
F
....
G
....
H
....
I

J
Web site:...
K
Email/phone no:..
L
Username:...
M
Password:...
N
Notes:..
O
....
P
....
Q
....
R

S
Web site:...
T
Email/phone no:..
U
Username:...
V
Password:...
W Notes:..
X
....
Y
....
Z
....

Web site:..

Email / phone no:...

Username:..

Password:...

Notes:..

....

....

....

Web site:..

Email / phone no:...

Username:..

Password:...

Notes:..

....

....

....

Web site:..

Email / phone no:...

Username:..

Password:...

Notes:.. *W*

....

....

....

A
B
C
D
E
F
G
H
I
J
K
L
M
N
O
P
Q
R
S
T
U
V
W
X
Y
Z

Web site: ....

Email / phone no: ....

Username: ....

Password: ....

Notes: ....

....

....

....

Web site: ....

Email / phone no: ....

Username: ....

Password: ....

Notes: ....

....

....

....

Web site: ....

Email / phone no: ....

Username: ....

Password: ....

Notes: ....

....

....

....

Web site:..

Email / phone no:...

Username:...

Password:...

Notes:..

....

....

....

Web site:..

Email / phone no:...

Username:...

Password:...

Notes:..

....

....

....

Web site:..

Email / phone no:...

Username:...

Password:...

Notes:..

....

....

....

W

A
B
Web site:...

Email / phone no:...

Username:..

C
D
Password:..

E
Notes:...

F
....

G
....

H
....

I
J
Web site:...

K
Email / phone no:...

L
Username:..

M
Password:..

N
Notes:...

O
....

P
....

Q
....

R
S
Web site:...

T
Email / phone no:...

U
Username:..

V
Password:..

W
Notes:...

X
....

Y
....

Z
....

Web site: ....

Email / phone no: ....

Username: ....

Password: ....

Notes: ....

....

....

....

Web site: ....

Email / phone no: ....

Username: ....

Password: ....

Notes: ....

....

....

....

Web site: ....

Email / phone no: ....

Username: ....

Password: ....

Notes: ....

.... X

....

....

Web site:...

Email / phone no:...

Username:...

Password:...

Notes:..

....

....

....

Web site:...

Email / phone no:...

Username:...

Password:...

Notes:..

....

....

....

Web site:...

Email / phone no:...

Username:...

Password:...

Notes:..

....

....

....

A B C D E F G H I J K L M N O P Q R S T U V W X Y Z

Web site: ....

Email / phone no: ....

Username: ....

Password: ....

Notes: ....

....

....

....

Web site: ....

Email / phone no: ....

Username: ....

Password: ....

Notes: ....

....

....

....

Web site: ....

Email / phone no: ....

Username: ....

Password: ....

Notes: ....

....

....

....

X

A
B
Web site:..

Email / phone no:..
Username:...
Password:..
Notes:...
....
....
....

Web site:..

Email / phone no:..
Username:...
Password:..
Notes:...
....
....
....

Web site:..

Email / phone no:..
Username:...
Password:..
Notes:...
....
....
....

C
D
E
F
G
H
I
J
K
L
M
N
O
P
Q
R
S
T
U
V
W
X
Y
Z

Web site:..

Email / phone no:..

Username:..

Password:..

Notes:...

....

....

....

Web site:..

Email / phone no:..

Username:..

Password:..

Notes:...

....

....

....

Web site:..

Email / phone no:..

Username:..

Password:..

Notes:...

....

....

....

A
B
C
D
E
F
G
H
I
J
K
L
M
N
O
P
Q
R
S
T
U
V
W
X
Y
Z

A
B
C
D
E
F
G
H
I

Web site:...

Email / phone no:...

Username:..

Password:..

Notes:...

....

....

....

J
K
L
M
N
O
P
Q
R

Web site:...

Email / phone no:...

Username:..

Password:..

Notes:...

....

....

....

S
T
U
V
W
X
Y
Z

Web site:...

Email / phone no:...

Username:..

Password:..

Notes:...

....

....

....

Web site:...

Email / phone no:...

Username:...

Password:...

Notes:..

....

....

....

Web site:...

Email / phone no:...

Username:...

Password:...

Notes:..

....

....

....

Web site:...

Email / phone no:...

Username:...

Password:...

Notes:..

....

....

....

Y

A
B
Web site:..
C
Email / phone no:...
Username:...
D
Password:...
E
Notes:..
F
....
G
....
H
....
I
J
Web site:..
K
Email / phone no:...
L
Username:...
M
Password:...
N
Notes:..
O
....
P
....
Q
....
R
S
Web site:..
T
Email / phone no:...
U
Username:...
V
Password:...
W
Notes:..
X
....
Y
....
Z
....

Web site:..

Email/phone no:..

Username:...

Password:..

Notes:...

....

....

....

Web site:..

Email/phone no:..

Username:...

Password:..

Notes:...

....

....

....

Web site:..

Email/phone no:..

Username:...

Password:..

Notes:...

....

....

.... Z

A
B
Web site:..

C
Email / phone no:...

Username:..
D
Password:..
E
Notes:...
F
....
G
....
H
....
I

J
Web site:..

K
Email / phone no:...
L
Username:..
M
Password:..
N
Notes:...
O
....
P
....
Q
....
R

S
Web site:..

T
Email / phone no:...
U
Username:..
V
Password:..
W
Notes:...
X
....
Y
....
Z
....

Web site:..

Email / phone no:..

Username:...

Password:...

Notes:..

....

....

....

Web site:..

Email / phone no:..

Username:...

Password:...

Notes:..

....

....

....

Web site:..

Email / phone no:..

Username:...

Password:...

Notes:..

....

....

.... Z

Notes

....
....
....
....
....
....
....
....
....
....
....
....
....
....
....
....
....
....
....
....
....
....
....

Notes

....
....
....
....
....
....
....
....
....
....
....
....
....
....
....
....
....
....
....
....
....
....

Notes

....
....
....
....
....
....
....
....
....
....
....
....
....
....
....
....
....
....
....
....
....
....

Made in the USA
Las Vegas, NV
08 December 2024

13567552R00066